图书在版编目（CIP）数据

环保购物袋／（新西兰）Victor Siye Bao，曾凡静编著.—北京：北京大学出版社，2010.5
（我的中文小故事26）
ISBN 978-7-301-17015-1

Ⅰ.环… Ⅱ.①B… ②曾… Ⅲ.汉语-对外汉语教学-语言读物 Ⅳ. H195.5

中国版本图书馆CIP数据核字（2010）第035851号

书　　　名：	环保购物袋
著作责任者：	[新西兰] Victor Siye Bao　曾凡静　编著
责 任 编 辑：	贾鸿杰
插 图 绘 制：	Amber Xu
标 准 书 号：	ISBN 978-7-301-17015-1/H·2444
出 版 发 行：	北京大学出版社
地　　　址：	北京市海淀区成府路205号　100871
网　　　址：	http://www.pup.cn
电　　　话：	邮购部 62752015　发行部 62750672
	编辑部 62752028　出版部 62754962
电 子 信 箱：	zpup@pup.pku.edu.cn
印 刷 者：	北京宏伟双华印刷有限公司
经 销 者：	新华书店
	889毫米×1194毫米　32开本　1.125印张　2千字
	2010年5月第1版　2020年6月第3次印刷
定　　　价：	15.00元（含1张CD-ROM）

未经许可，不得以任何方式复制或抄袭本书之部分或全部内容。
版权所有，侵权必究　　举报电话：010-62752024
　　　　　　　　　　　电子信箱：fd@pup.pku.edu.cn

每个周末我都陪妈妈去超级市场购物。

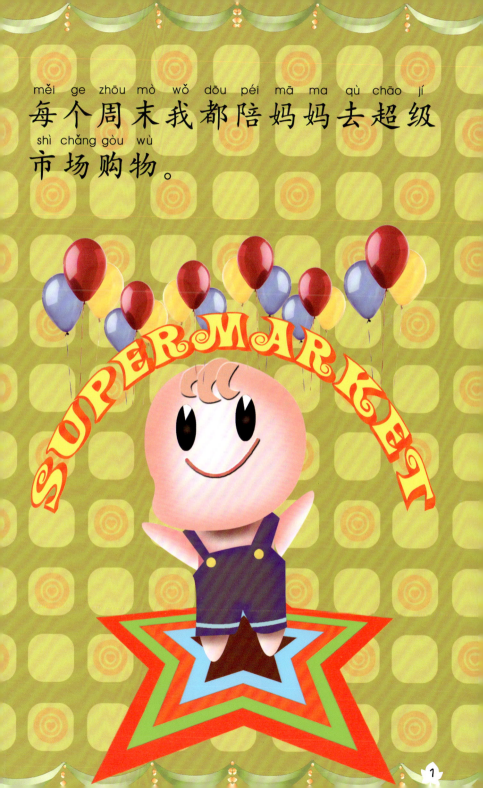

wǒ jiā fù jìn jiù yǒu yí ge dà de chāo
我家附近就有一个大的超
shì， jiào wò ěr mǎ， fēi cháng fāng biàn
市，叫沃尔玛，非常方便。

我们每次都是走路去那里买东西。

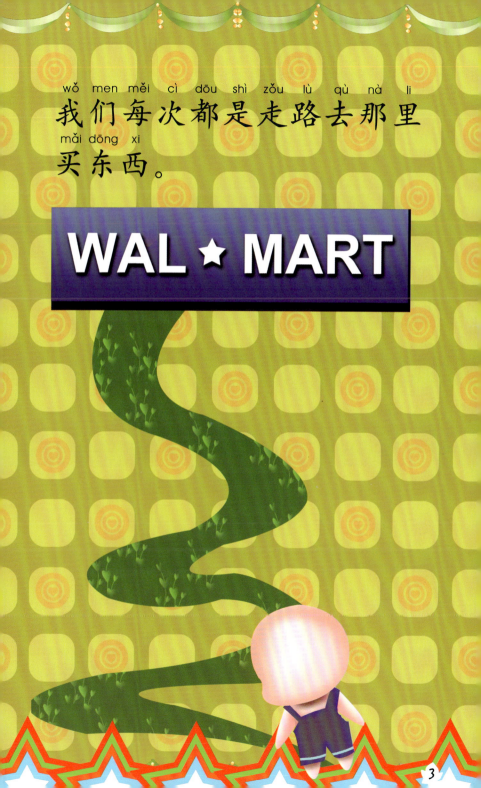

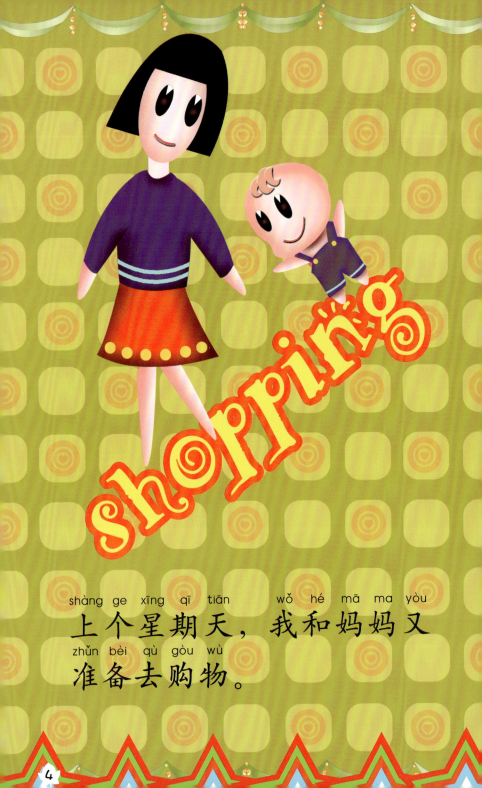

shàng ge xīng qī tiān, wǒ hé mā ma yòu
上个星期天,我和妈妈又
zhǔn bèi qù gòu wù
准备去购物。

离开家以前,妈妈从储藏柜里拿出了好几个袋子。

měi ge dài zi de yán sè dōu bù yí yàng
每个袋子的颜色都不一样,
chǐ cùn yě bù tóng yǒu de dà yǒu
尺寸也不同,有的大,有
de xiǎo
的小,

但是每个袋子上面都印着不同的广告。

妈妈告诉我说:"我们今天得带这些袋子去购物了。"

我很好奇,就问妈妈:

"妈妈,为什么以前我们去购物的时候,不用自己带袋子呢?"

"以前我们用什么装买的东西呢?"

"用塑料袋啊!每次购物,都会有四五个塑料袋。"

妈妈说:"对。以前买东西的时候,商店会免费提供塑料袋。

但是政府规定,从6月1日起,所有的超级市场都停止提供免费塑料袋。

也就是说,如果你想要用塑料袋装东西,就得付钱!"

我不太明白,就问妈妈:"政府为什么要这样做呢?"

妈妈说:"因为现在的环境越来越差,生产塑料袋需要用很多的资源,而且用过的塑料袋很容易污染环境。

现在我们用环保塑料袋,每个袋子可以用很多次,

用的塑料袋越少，对环境的污染也就越少了。"

我想了想,觉得很有道理。因为在学校老师也教育我们,要我们注意保护环境。

每次用过的纸我们都会放进一个塑料盒里,以后还可以再用。

我高高兴兴地挑了一个橙色的环保袋。

到了超级市场,真的看到每个人手里都拿着环保袋。

回来的路上，我非常高兴，因为我觉得自己为改善环境做了一点儿事情。

妈妈说:"真是个好主意!"

每个周末我都陪妈妈去超级市场购物。我家附近就有一个大的超市，叫沃尔玛，非常方便。我们每次都是走路去那里买东西。

　　上个星期天，我和妈妈又准备去购物。离开家以前，妈妈从储藏柜里拿出了好几个袋子。每个袋子的颜色都不一样，尺寸也不同，有的大，有的小，但是每个袋子上面都印着不同的广告。妈妈告诉我说："我们今天得带这些袋子去购物了。"我很好奇，就问妈妈："妈妈，为什么以前我们去购物的时候，不用自己带袋子呢？""以前我们用什么装买的东西呢？""用塑料袋啊！每次购物，都会有四五个塑料袋。"妈妈说："对。以前买东西的时候，商店会免费提供塑料袋。但是政府规定，从6月1日起，所有的超级市场都停止提供免费塑料袋。也就是说，如果你想要用塑料袋装东西，就得付钱！"我不太明白，就问妈妈："政府为什么要这样做呢？"妈妈说："因为现在的环境越来越差，生产塑料袋需要用很多的资源，而且用过的塑料袋很容易污染环境。现在我们用环保塑料袋，每个袋子可以用很多次，用的塑料袋越少，对环境的污染也就越少了。"我想了想，觉得很有道理。因为在学校老师也教育我们，要我们注意保护环境。每次用过的纸我们都会放进一个塑料盒里，以后还可以再用。我高高兴兴地挑了一个橙色的环保袋。

　　到了超级市场，真的看到每个人手里都拿着环保袋。回来的路上，我非常高兴，因为我觉得自己为改善环境做了一点儿事情。我对妈妈说："妈妈，回家以后我们自己再做一些环保袋好不好？"妈妈说："真是个好主意！"

生词

1. 环保 — huán bǎo — environment protection
2. 陪 — péi — accompany
3. 沃尔玛 — wò ěr mǎ — Wal-Mart, a supermarket
4. 方便 — fāng biàn — convenient
5. 走路 — zǒu lù — walk; go on foot
6. 准备 — zhǔn bèi — prepare; ready
7. 储藏柜 — chǔ cáng guì — cupboard for storage; locker
8. 袋子 — dài zi — bag; sack
9. 印 — yìn — print
10. 广告 — guǎng gào — advertisement
11. 得 — děi — should
12. 好奇 — hào qí — be curious
13. 塑料袋 — sù liào dài — plastic bag
14. 免费 — miǎn fèi — free
15. 提供 — tí gōng — provide
16. 规定 — guī dìng — stipulate; regulations; rules
17. 付钱 — fù qián — pay
18. 环境 — huán jìng — environment
19. 越来越 — yuè lái yuè — the more ... the more
20. 生产 — shēng chǎn — produce
21. 资源 — zī yuán — resource
22. 而且 — ér qiě — also
23. 污染 — wū rǎn — pollute
24. 保护 — bǎo hù — protect
25. 改善 — gǎi shàn — improve

动一动

跟你的妈妈商量一下儿,看看你能不能也自己做一个购物袋。

试一试

一、找出词汇

买 卖 环 保
污 东 塑 商
染 西 料 店
购 物 袋 子

二、填字

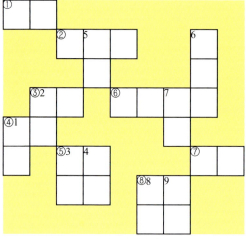

横向
① yellow
② shopping bag
③ talk about, dicussion
④ book store
⑤ before
⑥ supermarket
⑦ advertisement
⑧ regulations

纵向
1. study table
2. shop
3. after
4. the day before yesterday
5. physics
6. sport ground
7. city area
8. rules
9. defination

后　记

　　这次创作和以往的不同，是一个充满乐趣的过程。很多故事都是笔者在近20年的对外汉语教学中积累的材料。在撰写和编辑中，我仿佛回到了过去在不同国家教学的快乐日子。故事中的人和事，常让自己不由自主地大笑起来。

　　让我感到非常幸运的是，在编写、出版这套小书的过程中，我能够和一群可爱而充满活力的年轻人合作。第一次和邓晓霞编辑见面时，我们谈起适合中小学生的汉语阅读书太少。于是，我们心有灵犀，在很短的时间里就完成了这套故事书的整体构思。可以说，没有晓霞，就不会有这套图书。我还要感谢贾鸿杰编辑，她为这套书的出版也付出了很多努力。

　　作为给年幼且汉语程度不高的孩子们写的故事书，插图在某种意义上比文字还要重要，所以我真的很幸运，得到了充满童心、阳光健康的画家徐媛的大力支持。我们在画面风格、内容等方面进行过充满乐趣的讨论，非常默契。

　　这套故事书能够出版，需要很多人的付出。另外两位是我从未谋面的、负责排版的张婷婷和张雷，我们通过网络联系，现在已经是非常好的朋友。正是因为有这么好的团队，我有了继续写作的动力，相信我们今后的合作会更加愉快。

　　在这套故事书编辑和出版的过程中，我的孩子Justin出世了，让我感到双倍的快乐。

　　如果读者需要，这套书会一直出版下去。首先出版的20本，希望能得到广大读者的反馈，使后面的故事更能满足读者的要求。

　　欢迎和我联系：victorbao@gmail.com。

Victor

首期推出以下20本

我的中文小故事

1. 小胖
2. 两个轮子上的国家
3. 看病
4. 弟弟的理想
5. 我的中文老师
6. 为什么要考试
7. 奇怪的讨价还价
8. 美国人在北京
9. MSN
10. 中国菜
11. 伦敦的大雾
12. 跟老师打赌
13. 快乐周末
14. 中国书法
15. 两个新同学
16. 母亲节的礼物
17. 没有雪的圣诞节
18. 最早的独自旅行
19. 寻找宠物
20. 学校的运动会

第二辑推出以下20本

我的中文小故事

- 21. 吵架
- 22. 我的好朋友小鸟
- 23. 机器人
- 24. 公园里迷路
- 25. 国宝熊猫
- 26. 环保购物袋
- 27. 旗袍
- 28. 容易受伤的男人
- 29. 小甜甜
- 30. 愚蠢的小偷
- 31. 打错的电话
- 32. Yes和No
- 33. 中国人的称谓
- 34. 网络视频
- 35. 快乐是可以传染的吗
- 36. 生日会
- 37. 演出
- 38. 中文课上的时装表演
- 39. 在北京滑冰
- 40. 会跳街舞的中文老师

每一册书里，教科书的内容最重要，但是其实学习资料的话题、书末的话题活动、考查阅读理解的幽默故事，也同样是学生学习汉语的好帮手。从书双语故事里，十个中国旗袍里蕴含的中国文化内涵，一页一页的读下来。可爱的卡通形象，也会让孩子们觉得学习汉语的心情愉快不少。"我的中文小故事"，就是这么一套既是教科书又是课外读物，既提及多方面的娱乐事物，却又提供了让孩子们走进中国家，温故知新，中文故事们都挺有趣的。

——刘月华教授，著名的对外汉语教育家，哈佛大学

我想，"我的中文小故事"，推荐给刚刚学汉语的小朋友，他们非常喜欢。书里的故事讲述了他们差不多年龄孩子的一些故事和景象，有些事书中他们差不多年纪所经历过，所以他们读的时候也很容易进入到他的世界里。书中有的孩子们中国家最喜欢的的卡通形象他们一下就爱上了，都变得很喜欢，故事中有很多孩子们已经都很熟悉的卡通形象，这样，让孩子们在看故事中，既能够轻松地记住汉字和词语，又能很快地听懂中文故事。推荐重视多接触，让他们在图书中学习。在图书中成长！

——许雅琳，杭州国际学校中文教师

"我的中文小故事"，是我首次看见的一套教材，漂亮的图画，出众的书写中文读有生趣，很喜欢。"我的中文小故事！"

——Reeza Hanselmann, from Germany and America

我觉得故事非常有意思，画儿也很好看，有不懂的汉字，有图儿就懂了。

——Khushbu Rupchandani, from India